Pieter Klaas Jagersma

400
MANAGEMENT WIJSHEDEN MET EEN KNIPOOG

2018
Uitgeverij Inspiration Press
Amsterdam/Antwerpen

© Pieter Klaas Jagersma

Omslagontwerp: JHN (United States of America)

Omslagillustratie: JHN (United States of America)

isbn-13 978-1985365-889
isbn-10 198536588-X
nugi 686
cip

Voor Yvette

Vooraf

Meer dan tweeduizend jaar geleden vertrouwde de mysterieuze Chinese krijgsheer Sun Tzu zijn wijsheden toe aan het papier. Ze vormen nog steeds een bron van inspiratie voor al degenen die zich bezighouden met strategie. Door hun beknoptheid zijn ze bovendien uitermate bruikbaar voor dinertoespraken, waar ze de spreker behulpzaam zijn in het gevecht tegen koud wordende soep en nog sneller dan normaal afnemende belangstelling.

Velen hebben in de loop der jaren het voorbeeld van Sun Tzu gevolgd. Wat te denken van Teddy Roosevelts wijze raad voor alle beleidsmakers: 'Talk softly but carry a big stick', of de eerste les van mijn oude scheikundeleraar, meneer Zeper, aan een klas vol matig gemotiveerde leerlingen: 'Haast je als je de tijd hebt, dan heb je de tijd als je haast hebt'.

Hoewel, eerlijk gezegd is mijn favoriet de sluitende logica van de Amerikaanse honkballer Mickey Rivers, die verklaarde: 'Het heeft geen zin je zorgen te maken over dingen waar je wat aan kunt doen, want als je er wat aan kunt doen, heeft het geen zin je zorgen te maken. En het heeft ook geen zin je zorgen te maken over dingen waar je niets aan kunt doen, want als je er niets aan kunt doen, heeft het geen zin je zorgen te maken.'

Pieter Klaas Jagersma is in de voetsporen van de grootmeesters getreden. Met een knipoog naar de lezer formuleerde hij vierhonderd 'managementwijsheden'. Er zitten prachtige teksten bij: 'Bodemprijzen zijn altijd te laag' en 'Ondernemingen hoeven niet ziek te zijn om beter te worden'. Zij noden tot een glimlach en tot doordenken.

Wie zichzelf als (toekomstig) manager serieus neemt, neemt zichzelf niet altijd serieus. De wijsheden van Pieter Klaas Jagersma kunnen helpen de achterkant van het eigen gelijk te zien, of het betrekkelijke van een keuze. Ze kunnen ontspannen als het spannend is, en gezelschap bieden als het eenzaam is: wijsheden doen je beseffen dat vele anderen met dezelfde vragen zitten als jij.

Zet jezelf op het verkeerde been; bekijk het leven als manager vanuit een andere hoek. Er is zelden iemand slechter geworden van wijsheden met een knipoog. Dat geldt zeker voor het boek van Pieter Klaas Jagersma.

Pieter Winsemius

Voorwoord

In dit boek wordt met een breed penseel het onderwerp 'management' - in de meest ruime zin van het woord - met behulp van een aantal vaak filosofisch getinte woordspelingen vanuit verschillende invalshoeken geschetst. Het zijn geen woordspelingen in de betekenis van 'wijsheden' die helpen onverstandige managers verstandig te worden. Daarvoor zijn ze te fragmentarisch geformuleerd.

De vaak dubbelzinnige wijsheden met een educatief en pedagogisch staartje zoomen in op de sterke en zwakke kanten van managers, hun drijfveren, collega-ondernemers, adviseurs, klanten en de ondernemingen waarin ze werkzaam zijn. Dit is daarom een boek dat het inzicht in eigen en andermans zakelijke problemen en uitdagingen kan vergroten.

400 Managementwijsheden met een knipoog is in dat opzicht bedoeld als *eye-opener*. Het kan daarom voor iedere deelnemer aan het economische verkeer de nodige toegevoegde waarde hebben.

Het schrijven van dit boek was opmerkelijk onderhoudend en inspirerend. Ik hoop dat het lezen net zo onderhoudend en inspirerend zal zijn. Ik wens u enkele plezierige momenten toe!

Pieter Klaas Jagersma
Heusden, 30 mei 1996

1.

Concurreren is schuiven met informatie en dat met de snelheid van het licht.

2.

Snelle fusies dan wel overnames moeten niet plaatsvinden als het nieuwe huis van een nieuwe combinatie nog niet goed in de grondverf zit.

3.

Een buitenlandse dochteronderneming fungeert als een ambassadeur van een multinationale onderneming.

4.

Repareer niet iets wat nog lang niet kapot is.

5.

De concurrenten die het meest gevreesd behoren te worden, moeten vragen oproepen over iets wat een onderneming al dacht te begrijpen maar waarop men het antwoord schuldig moet blijven.

6.

Een agressief acquirerende onderneming is als vuur: als je het niet dooft, zal het zichzelf verteren.

7.

Voor veel ondernemingen zijn fusies en overnames bittere noodzaak. 'Bitter' omdat het opbouwen van ervaring met het managen van fusies en overnames gepaard gaat met het betalen van het nodige leergeld. 'Noodzaak' om de voortgaande groei vast te kunnen blijven houden.

8.

Je kunt beter in het beste hotel de goedkoopste kamer nemen dan de duurste in het goedkoopste hotel.

9.

Ondernemen is *people's business*. Ondernemers die te zeer de nadruk leggen op *business* in plaats van op *people,* staan met hun rug naar de toekomst.

10.

Als je iedere medewerker een beloning geeft, ben je gauw door je schaarse financiële middelen heen, en daarom is het beter één medewerker aanzienlijk beter te belonen en daardoor iedereen aan te moedigen.

11.

Het lot van je onderneming ligt in handen van de pas aangenomen medewerker.

12.

Veel managers laten linkse ideeën links liggen.

13.

Te veel managers zitten na een vliegende start van hun carrière met hun hoofd in de wolken.

14.

Geef 'kontjes'; laat je klant zelf over het 'muurtje' klauteren.

15.

Wijsheid is niet uitsluitend voorbehouden aan het management.

16.

Leen nooit geld aan je baas.

17.

De aan(deel)houder wint.

18.

Veel goeroes verdienen geld aan problemen in plaats van aan oplossingen.

19.

Geef je produkt een naam die je kunt uitspreken.

20.

Consensus komt vaak neer op het onderdrukken van de individualiteit van je medewerkers.

21.

Onderhandel bij voorkeur onder tijdsdruk; de bulk van de winst wordt vaak dan behaald.

22.

Eindigt je werk om vijf uur, dan heb je een baan. Eindigt je werk regelmatig na vijven, dan heb je een loopbaan. Eindigt je werk altijd na vijven, dan heb je een rotbaan.

23.

De beste strategie is die waarbij men het meeste bereikt door het minste te doen.

24.

Ondernemingen krijgen de toekomst die ze willen.

25.

Wie er zijn leven lang van overtuigd blijft dat zijn eigen manier altijd de beste is, loopt alle nieuwe ideeën ter wereld mis.

26.

Topmanagers hebben vaak 'geen tijd'; alleenstaande topmanagers hebben 'nooit tijd', omdat ze altijd zoekende zijn.

27.

Ondernemers kunnen *nu* niet genoeg over de klant van de *toekomst* nadenken.

28.

Een goede sfeer op de werkvloer is het belangrijkste eigen vermogen van een onderneming.

29.

Je reputatie is je belangrijkste activum.

30.

Neem nooit beslissingen die je ondergeschikten ook kunnen nemen.

31.

Ondernemingen dienen meester te zijn in het concurreren. Meer nog echter dienen deze ondernemingen de concurrenten meester te zijn. Dan is men het vak strategie meester, en dat is meesterlijk.

32.

De aanwezigheid van een sterke concurrent heeft het effect van een *face scrub* of *peeling*: de doorbloeding in het hoofd wordt erdoor gestimuleerd.

33.

Elke strategie moet de laatste halte der gedachte zijn gepasseerd.

34.

Goede topmanagers verrassen en worden daardoor in de concurrentiestrijd zelden met een gedegen geëquipeerde concurrent geconfronteerd.

35.

Verwacht het onverwachte.

36.

Misleid je concurrent, leid je onderneming.

37.

Weten hoe je moet concurreren betekent niet dat je marktaandeel dan wel winstgevendheid toeneemt.

38.

Concurreer als het je naar den vleze gaat.

39.

Maak gebruik van de kracht van het doen alsof.

40.

Zwijg in alle toonaarden over jezelf en over je concurrentie.

41.

Succesvolle onderhandelingen moeten per definitie een kortetermijnhorizon hebben.

42.

Een *quid pro quo*-karakter van een samenwerkingsverband kan ertoe bijdragen dat twee partners in elkaar geïnteresseerd blijven.

43.

De klant is niet koning, maar dictator.

44.

Combineer voorspelbare en onvoorspelbare strategieën: word ongrijpbaar.

45.

Handel alsof je concurrent continu over je schouder meekijkt.

46.

Veronderstel altijd dat een boodschap nieuw is.

47.

Het behouden van bestaande klanten is lucratiever dan het aantrekken van nieuwe.

48.

Klantenloyaliteit = f (klantentevredenheid).

49.

Medewerkers dumpen hun vrijheid op de drempel van een onderneming.

50.

De problemen van vandaag kunnen niet met de oplossingen van morgen uit de wereld worden geholpen.

51.

Leg kennis vast: goederen en diensten worden ervan gemaakt.

52.

Dring de markt je ritme op; dans nooit in het ritme van de markt.

53.

Creativiteit is hetzelfde zien als iedereen, maar iets totaal anders opperen.

54.

Leer af te leren wat je weet.

55.

Werk altijd voor je volgende strategische zet.

56.

Houd een slogan en een oplossing goed uit elkaar.

57.

Elk goed idee kan op een A4-tje samengevat worden.

58.

Het probleem met veel succesvolle kleine ondernemingen is dat ze als ze groot zijn vergeten hoe ze groot zijn geworden.

59.

Dineer niet alleen als het je niet voor de wind gaat met je geldschieters.

60.

Prijs luid, bekritiseer zacht.

61.

Het zijn niet de mensen die je ontslaat die je het leven zuur maken, maar de mensen die je niet ontslaat.

62.

Herzie langetermijnplannen op korte termijn.

63.

Houd je manieren in de gaten; anderen doen dat namelijk ook.

64.

Presenteer je professioneel en men zal denken dat je professioneel bent.

65.

Een superieure concurrent slaat toe op het moment dat zijn concurrent bezig is zijn plannen te beramen.

66.

Word lid van een vereniging of club waarvan een van je belangrijkste klanten lid is.

67.

Schrijf bij tijd en wijle een handgeschreven dankwoord aan je klanten, niet louter en alleen met Kerstmis.

68.

Sommige leidinggevenden dromen van succes; andere blijven wakker en hebben succes.

69.

Leiding geven = vooral jezelf in de hand houden.

70.

Succes is als het beklimmen van een berg, niet per definitie het bereiken van de top.

71.

Het ene juiste antwoord bestaat niet. Een antwoord is afhankelijk van waar je op uit bent.

72.

Succesvolle managers zetten nooit een punt achter hun loopbaan, maar altijd een puntkomma.

73.

Seminar: serieuze poging om veel geld in een handomdraai over de balk te smijten.

74.

Een goede topmanager is als een goede scheidsrechter; mensen hebben nauwelijks in de gaten dat hij bestaat, maar hij leidt de wedstrijd wel degelijk.

75.

Trek als manager altijd intelligentere, maar nooit slimmere medewerkers aan.

76.

Ontwikkel een voorkeur voor een bepaald restaurant en zorg ervoor dat de bedienden je naam kennen.

77.

Leg een pen en een kladblok naast je bed. De briljantste ideeën komen op de vreemdste momenten bovendrijven.

78.

Zie problemen als uitdagingen, hoe problematisch ook.

79.

Je afnemers zijn verantwoordelijk voor je inkomen, niet je baas.

80.

Ervaring krijg je wanneer je niet krijgt wat je wilt.

81.

Kom eens in de zoveel tijd erg vroeg op je werk en ga eens in de zoveel tijd erg laat naar huis.

82.

Onthul je gezicht, verhul je ware gezicht.

83.

Doe vaak een beroep op je gezond verstand.

84.

Managers die meer enthousiasme teweegbrengen bij het verlaten van een kamer dan bij het binnenkomen, moet je vermijden.

85.

Eet nooit iets waar knoflook in zit voor een belangrijke vergadering.

86.

Mijd klanten met gouden kettingen om hun nek en polsen.

87.

De parkeerruimtes voor gasten moeten altijd het dichtst bij de ingang liggen. Zelfs de presidentdirecteur zou daarvoor een blokje om moeten lopen.

88.

Het is vaak verstandig om niets te zeggen tijdens een vergadering.

89.

Verbeelding is het krachtigste produktiemiddel.

90.

Er is altijd een tekort aan goederen en diensten die hun tijd ver vooruit zijn.

91.

De mogelijkheid om te mislukken is het meest uitzonderlijke kenmerk van succesvolle ondernemingen.

92.

Groot worden vereist dominantie; dominantie vereist klein zijn.

93.

Managers willen niets liever dan meten, maar willen zelden zelf gemeten worden.

94.

Doe niet *gewoon*, maar *doe* gewoon.

95.

Wie is aangenomen om werk te doen, moet het ook doen en er niet over blijven praten. Ziehier het dilemma van de personeelsmanager.

96.

De enige strategie die een onderneming erop na moet houden is geen strategie; wees onvoorspelbaar.

97.

Zwakte zit vooral in het hoofd. Managers die denken dat hun onderneming zwak is, hebben op termijn altijd gelijk.

98.

Elk produkt is een risico, een merknaam is een garantie.

99.

Doe nooit zaken met mensen die niets te verliezen hebben.

100.

Een baas zal zelden onthouden dat je gelijk had, maar nooit vergeten dat je geen gelijk had.

101.

Je bent altijd dom als je geen vragen stelt; je blijft daardoor dom.

102.

De gemiddelde klant die tevreden is over je produkt, vertelt dit aan drie mensen. De gemiddelde klant die niet tevreden is over je produkt, deelt zijn ervaringen met ten minste tien mensen.

103.

Wantrouw managers die erop staan dat je ze vooral moet vertrouwen.

104.

Wat je als manager ook zegt: wees altijd consistent, ook als je altijd inconsistent bent.

105.

Eet ten minste één keer in de week in je bedrijfsrestaurant.

106.

Heb je het *hoe* onder de knie, dan heb je een baan. Heb je het *waarom* onder de knie, dan ben je de baas.

107.

In de jaren negentig hebben klanten geen behoefte aan netwerken, maar aan ideeën.

108.

Managers werken onder spanning; leiders onder hoogspanning.

109.

In de naaste toekomst hebben alleen die mensen werk die het creëren. Mensen die werk zoeken, blijven zoekende.

110.

Je bent succesvol als je een wachtlijst moet creëren om als klant op een wachtlijst te komen.

111.

Surf niet mee op de golven van trends. Vaar je eigen koers.

112.

Management by Exception (MBE): pas ingrijpen als het echt nodig is.

113.

De onderneming van de toekomst is een optelsom van ideeën.

114.

Wie geen risico's neemt, neemt een groot risico.

115.

De manier van zoeken bepaalt in hoge mate wat er uiteindelijk wordt gevonden.

116.

Managers die niet van kleine misstappen leren, begaan een grote misstap.

117.

Grote ondernemingen leiden aan anonimitis.

118.

Rust maakt vetter, niet fitter.

119.

Grote onderneming: competitieve jungle met lianen die naar boven en naar beneden leiden.

120.

Ondernemingen zijn dragers van vaardigheden.

121.

De schittering van een betoog van een managementgoeroe is per definitie belangrijker dan de inhoud.

122.

Succesverhalen vertroebelen misstappen.

123.

De sterke punten van vandaag kunnen de zwakke punten van morgen zijn.

124.

Veel ondernemingen zijn in Rome geweest, maar hebben de paus niet gezien.

125.

Onzekerheden worden in bepaalde bedrijfstakken niet zelden tot pijnlijke zekerheden.

126.

Ondernemingen moeten - vooral als het goed gaat - koste wat het kost de kosten in bedwang houden.

127.

Het belangrijkste activum van een onderneming zijn de medewerkers. Zij komen merkwaardigerwijs niet voor op de balans. Wantrouw balansen.

128.

Je kunt alleen effectief concurreren, als je alle spelregels hebt doorgrond. Echte *winners* veranderen namelijk de spelregels.

129.

Managers willen nog weleens liegen; de markt liegt nooit.

130.

Onderhandelingen hoeven geen schoonheidsprijs te verdienen.

131.

Pas ten minste op voor gekneusde tenen in de dans der mega-concurrenten.

132.

Concurrentiestrategieën moeten altijd anticiperen op de nieuwe wegen die een bedrijfstak in gaat slaan.

133.

Ondernemingen moeten geobsedeerd zijn door alles wat de concurrentie doet.

134.

In een goedlopend concern warmen veel werkmaatschappijen zich aan de vlam van een krachtig idee.

135.

Word een schakel in een groter geheel.

136.

Een strategie is een verborgen verleider. Voordat je het weet heeft ze je in haar macht. Je denkt dat je haar maakt, maar zij maakt (of breekt) jou!

137.

Theorieën zijn er om overboord gegooid te worden.

138.

Ga op zoek naar tot de verbeelding sprekende iconen; spiegel je aan de prestaties van illustere voorgangers.

139.

Het formuleren en uitvoeren van een strategie is net als het bakken van een cake: het gaat om de juiste recepten.

140.

Veel ondernemingen zijn een wankel schip in een verraderlijke rode-cijferzee.

141.

Er komen altijd reacties op een overdreven situatie; reageer tijdig.

142.

Concurrentiesalvo's moeten altijd een onderling verband hebben.

143.

Goochel met feiten, speculeer met theorieën.

144.

Concurrentie is nooit willekeurig.

145.

Expansie creëert schijnzekerheden.

146.

Marktonderzoek heeft twee voordelen: men beslist minder en men beslist beter.

147.

Managers zijn geleide projectielen; ondernemers zijn ongeleide projectielen.

148.

De grootste bedreiging van managers is niet een gebrek aan kennis, maar een gebrek aan inzicht.

149.

Omgevingsveranderingen laten zich steeds moeilijker managen: het gaat niet langer om het oplossen van kruiswoordpuzzels, maar om het oplossen van cryptogrammen.

150.

Beschouw je opdrachtgever altijd als je *sparring partner*.

151.

Expansie en stuntwerk zijn vaak twee kanten van dezelfde medaille.

152.

Entrepreneurial management: management met de wapperende handjes.

153.

Het hoofdkantoor moet meedenken in plaats van over ontwikkelingen (na)denken. Ziehier het verschil tussen actief en passief denken.

154.

De stem van de markt kent geen nuance.

155.

Statistisch materiaal is altijd illustratief, nooit analytisch.

156.

Praat als manager weinig; zeg veel.

157.

Pas tijdens ingrijpende afslankingsoperaties bewijst een onderneming haar bestaansrecht.

158.

Denk als manager in termen van andere dimensies; durf geestelijke sprongen en mentale salto-mortale's te maken.

159.

De waarheid is een essentiële metgezel van een manager van eer.

160.

De echt belangrijke dingen krijgen opmerkelijk vaak de minste aandacht.

161.

Cijfers op zich zeggen niets, alleen in de tijd beschouwd zeggen ze iets.

162.

Jaarverslagen zijn een optelsom van appels, peren en pruimen.

163.

Waarheid is een baken in de jungle die ons bedrijfsleven is.

164.

Managers doen er goed aan de scheidslijn tussen feiten, meningen en gedachten opzettelijk vaag te houden.

165.

Het verschil tussen verzekeren, wedden en gokken is niet altijd zo eenduidig als wel wordt beweerd.

166.

Bij ondernemen gaat het voor een belangrijk deel om het vinden van de balans tussen wat mogelijk, wat wenselijk en wat noodzakelijk is.

167.

Wees bereid voor een acquisitie een goede prijs te betalen, zonder tot elke prijs te gaan.

168.

De zin *van* management is vooral een functie van de zin *in* management.

169.

Sterk blijven in de bestaande activiteiten is een noodzakelijke voorwaarde om in nieuwe activiteiten sterk te worden.

170.

Een verbeterde interne dienstverlening leidt tot een verbeterde externe dienstverlening.

171.

Vlieg in een cultureel onbekende omgeving nooit op de automatische piloot.

172.

De concurrentiestrijd wordt beslecht in het voordeel van de onderneming met de grootste opnamecapaciteit van kennis, ervaring en ideeën.

173.

Ondernemingen die hun strategie formuleren als functie van het verleden, lopen het risico door de toekomst van achteren te worden overvallen.

174.

Ga tijdens een overnamestrijd nooit voor een dubbeltje op de eerste rang zitten.

175.

Concurrentie is grensloos en grenzeloos.

176.

Creatief concurreren is voor veel managers een kwestie van loskomen van de tirannie van de institutionele omgeving (lees: het hoofdkantoor).

177.

Strategische alliantie: op de bagagedrager van een andere onderneming meerijden alvorens zelf het stuur over te nemen.

178.

Streef altijd naar het optimale in plaats van naar het maximale.

179.

Elke onderneming die iets bereikt heeft op het nationale en internationale toneel, heeft haar pad geplaveid met mislukkingen.

180.

Concurreren is als ritueel dansen. Als je niet goed kunt dansen, worden de rituelen steeds belangrijker.

181.

Als de winst op de stoep ligt, waarom die dan van verre halen?

182.

Laat de Wet van de Grote Getallen haar risicospreidende werk doen: diversificeer verantwoord en ontwerp een veelkoppig, moeilijk te bestrijden monster.

183.

Stop met signaleren, ga verklaren.

184.

Als je nummer 1 wilt worden, gedraag je dan ook als nummer 1. Wees het en je bent er beter op voorbereid.

185.

Niet alleen feiten laten conclusies toe.

186.

Ondernemingen met een dominant marktaandeel zitten in een kooi met gouden tralies: het blijft een kooi.

187.

Kijk niet louter naar de golfslagen aan de oppervlakte; concentreer je op de geheimen van de diepe onderstroom.

188.

De traditionele onderneming is een verzameling individuen die van elkaar *af*hankelijk zijn. De onderneming van de toekomst is een verzameling individuen die onderling *aan*hankelijk zijn. Voorkom afhankelijkheid, zorg voor aanhankelijkheid.

189.

Besluiteloze (top)managers nemen veel beslissingen.

190.

Expansie mag dan niet alles zijn, alles heeft wel te maken met expansie.

191.

Topmanagers moeten dingen niet geloven; ze moeten dingen weten.

192.

Concurrenten die niet interessant lijken, zijn alleen al daarom interessant.

193.

Door medewerkers de oplossingen voor problemen zelf aan te laten dragen, is de kans dat de problemen ook worden opgelost veel groter.

194.

Ondernemingen die het hardst ondersteuning nodig hebben, zijn het minst in staat om hun eigen problemen te (h)erkennen.

195.

Het menselijk kapitaal, niet het financieel kapitaal moet regeren.

196.

Klanten moeten altijd de rol krijgen die ze verdienen, namelijk de hoofdrol.

197.

Bedrijven die voor de vrijheid van de markt lobbyen, komen niet zelden tussen de muren van de overheid terecht.

198.

Topmanagers verlangen naar een zonnige toekomst, maar de toekomst verlangt naar zonnige topmanagers.

199.

Werkmaatschappij: bedrijfseenheid die door het hoofdkantoor gereden scheve schaatsen corrigeert.

200.

Goede strategieën elimineren ondernemingen, slechte strategieën elimineren (top)managers.

201.

Elke willekeurige concurrentiestrijd leert managers één ding: dat er doorgaans niets geleerd wordt.

202.

Strategische alliantie: bijzonder effectieve, zo men wil 'strategische' methode om conflicten op te roepen en de concurrentiestrijd te intensiveren.

203.

Een goed functionerende topmanager is geen functionerende topmanager; hij maakt zichzelf overbodig.

204.

Elke concurrentiestrijd eindigt waar hij begint: bij een stabiele marktsituatie.

205.

Er wordt te lang geconcurreerd tussen ondernemingen, omdat diezelfde ondernemingen te kort met elkaar concurreren.

206.

Een duur internationaal samenwerkingsverband is vaak goedkoper dan de billijkste mondiale concurrentiestrijd.

207.

De enige manier om een concurrentiestrijd daadwerkelijk naar je hand te zetten is ervoor te zorgen dat hij nooit begint.

208.

Concurreren: elimineren of geëlimineerd worden.

209.

Strategie: lust voor de top, last voor de vloer.

210.

Topmanagers hebben meer moed nodig om met een samenwerkingsverband te breken dan om scherp een concurrentiestrijd aan te gaan.

211.

Een samenwerkingsverband met een concurrent heeft net als fruit tijd nodig om te rijpen; pas dan kun je ervan genieten.

212.

De voorstanders van samenwerkingsverbanden met concurrenten zijn niet de meest gelouterde tegenstanders in de concurrentiestrijd.

213.

Veel managers prefereren een onrechtvaardig kartel boven een rechtvaardige concurrentiestrijd.

214.

Elke schermutseling met concurrenten roept vragen op die het daglicht niet kunnen verdragen.

215.

Word nooit verliefd op een methode.

216.

Verwachtingen van klanten zijn er om overtroffen te worden.

217.

Het maakt nogal wat uit of in het laboratorium bewezen is dat het kan, of dat het in de praktijk werkt - laat staan een succes wordt.

218.

Bedrijfskundige wetten zijn er, maar worden lang niet altijd in praktijk gebracht.

219.

Iedereen heeft invloed, weinigen hebben macht.

220.

Denk na over denken.

221.

Gediversificeerde ondernemingen hebben al snel te veel pijlen op hun boog: ze treffen zelden doel.

222.

Kartel: noodrem aan het concurrentiefront.

223.

Idee: goud van de toekomst.

224.

Training is de belangrijkste investering; investeren is de belangrijkste training.

225.

Ondernemen: het in evenwicht brengen van risico's en opbrengsten.

226.

Pas je op korte termijn aan je klanten aan; geef op lange termijn geen duimbreed toe.

227.

Concurrentie: verstrooiing van het management, waarbij ondergeschikten al het werk moeten doen.

228.

Visie leidt altijd tot concurrentie.

229.

Klanten kiezen ondernemingen, pas daarna produkten.

230.

Luister naar klanten; ze hebben altijd gelijk.

231.

Grote successen zijn vaak het gevolg van kleine veranderingen.

232.

Groei: de genezing kan erger zijn dan de ziekte.

233.

Er is geen strategie voor dominantie; dominantie is de strategie.

234.

Sommige ondernemingen beslechten de concurrentiestrijd middels een strategisch samenwerkingsverband. Dat betekent niet zelden het einde van het strategisch samenwerkingsverband.

235.

Concurreren is een spel van zet en tegenzet met grote ego's als inzet.

236.

Topmanagers voorspellen het onvoorspelbare en denken het ondenkbare.

237.

Een hoofdkantoor is altijd gehecht aan een zeer winstgevende werkmaatschappij, maar een zeer winstgevende werkmaatschappij niet altijd aan een hoofdkantoor.

238.

Managers die weinig beloven, zakken zelden door het ijs.

239.

Een manager die zaait, zal als topmanager oogsten.

240.

Achterdocht verlengt de loopbaan van een topmanager aanzienlijk.

241.

Sterk management wordt sterker naarmate tegenkrachten sterker zijn.

242.

Een organisatie die niet concurreert, houdt op te bestaan.

243.

Een manager die denkt dat hij kan functioneren zonder medewerkers, heeft vaak ongelijk; een manager die denkt dat medewerkers niet kunnen functioneren zonder hem, heeft altijd ongelijk.

244.

Sterren in bedrijvenland worden gemaakt, niet geboren.

245.

Je klant bakent je werkterrein af.

246.

Een concurrent is interessant; een klant is interessanter.

247.

Loyaliteit is het toverwoord.

248.

Iedere topmanager moet vaak de beste klant zijn van zijn eigen onderneming. Is dit niet het geval, dan schort er iets aan zijn onderneming, want er schort iets aan zijn produkten.

249.

Initiatief heeft ruimte nodig.

250.

Het resultaat van diversificatie: een te dun besmeerde boterham.

251.

Denk parallel, niet sequentieel.

252.

Praten over samenwerking is vaak zeer competitief.

253.

Topmanagers die de minst agressieve strategieën aanhangen, doen dit vaak op de meest agressieve wijze.

254.

Beweeg of ga ten onder.

255.

Visie: gedurfde dromen in praktijk brengen.

256.

Een aantrekkelijk produkt is interessanter dan een mooi produkt.

257.

Innovatie: de grenzen van je fantasie aftasten.

258.

De verpakkingen van schoonheidsprodukten zijn in de regel symbolen van schoonheid. Aan de inhoud hangt niettemin een luchtje.

259.

Wind je medewerkers nooit om je vingers, wind ze op om opwindende dingen te doen.

260.

Topmanagers *worden* anders, topondernemers *zijn* anders.

261.

Manager: iemand die de hersenen van zijn medewerkers aftapt.

262.

De efficiëntie van je onderneming verbeteren? Ga op dieet en verander je eetgewoonten.

263.

Aantrekkelijke markten worden altijd onaantrekkelijk.

264.

Groot elimineert niet klein, maar snel elimineert langzaam.

265.

Voor veel ondernemingen is het de ultieme overwinning produkten te maken voordat ze verouderd zijn. Dat zegt meer over die ondernemingen dan over de betreffende produkten of markten.

266.

Voor veel mensen is alles prettig in een onderneming, behalve het ondernemen.

267.

Management: een manier om de tijd door te brengen.

268.

Als je meerdere ja zegt en je gevoel nee, doe het dan niet; als je meerdere nee zegt en je gevoel ja, doe het dan ook niet.

269.

Geen enkele beslissing is riskant als we met veel mijlpalen te maken hebben.

270.

Opgaan is het resultaat van onmogelijkheden, blinken van mogelijkheden en verzinken van werkelijkheden.

271.

Wat marketingmensen *willen* moet corresponderen met wat technici *kunnen*. Het probleem is vaak dat technici van alles *willen*, terwijl marketingmensen denken dat ze alles *kunnen*.

272.

Concurrentie is als oorlog: gemakkelijk te beginnen, moeilijk te beëindigen.

273.

Je krijgt goede produkten als de technologie geavanceerd is en je begrijpt wat er leeft bij de afnemer. Je krijgt geweldige produkten als die technologie en marktbehoeften met elkaar corresponderen.

274.

*Top*management: niet management *omdat*, maar management *ondanks*.

275.

Analist: zwemmer die oceanen van data bedwingt.

276.

Als een manager zegt: 'Ik ben geïnteresseerd in de functie van president-directeur, omdat ... ' dan is hij vooral geïnteresseerd in 'omdat'.

277.

Innoveren kost veel geld; niet innoveren kost nog meer geld.

278.

De weg is betrokkenheid, maar helaas is de betrokkenheid vaak weg.

279.

Als je man bent, is het doorgaans beter voor je loopbaan om met een vrouwelijke medewerker van mening te verschillen en intussen aan je mannelijke baas te denken dan met je mannelijke baas in conclaaf te gaan en intussen aan je vrouwelijke medewerker te denken.

280.

Concurrentie roept concurrentie op; samenwerking roept ... concurrentie op.

281.

Managers die nooit twijfelen, weten niets.

282.

De meeste topmanagers hebben een 'zelfs-al-zijn-alle-deskundigen-van-de-wereld-het-met-elkaar-eens-dan-hoeven-ze-nog-geen-gelijk-te-hebben'-mentaliteit.

283.

Veel topmanagers zijn zich niet bewust van het feit dat ze met het uitstellen van hun afscheid eerder het tegendeel bereiken; ze verlengen niet hun aanwezigheid, maar hun afscheid.

284.

Topmanagers moeten per definitie vooral in de toekomst geïnteresseerd zijn, omdat ze naar je mag aannemen van plan zijn om de rest van hun professionele leven daarin door te brengen.

285.

Sommige managers branden keer op keer hun vingers, omdat ze te vaak in het brandpunt van discussies willen staan.

286.

Middenmanagement: roestig scharnier tussen top en vloer.

287.

Veel managers hebben het vooral over zaken die zich met het taallandschap bezighouden, terwijl managers zich eigenlijk gewoon met zaken moeten bezighouden.

288.

Managers die collega's een beentje lichten, hebben in de regel geen been meer om op te staan.

289.

Een topmanager die niet aan zichzelf denkt, kan ook niet aan anderen denken.

290.

In een onderneming draait het meer om inhoud dan om vorm; buiten een onderneming draait het meer om vorm dan om inhoud.

291.

In theorie moeten managers uit respect gehoorzaamd worden. In de praktijk worden managers doorgaans uit vrees gehoorzaamd.

292.

Bodemprijzen zijn altijd te laag.

293.

Succesvol innoveren is het resultaat van vaardigheden, niet van genieën.

294.

Ondernemingen hoeven niet ziek te zijn om beter te worden.

295.

Topmanagers gaan er altijd van uit dat hun prijzen nooit goed zijn en dat zij altijd meer betalen dan de concurrentie.

296.

Creativiteit moet destructief zijn om constructief te worden.

297.

Een gulden regel van veel topmanagers is de regel dat in de regel van regels moet worden afgeweken.

298.

Nooit fouten maken = niet innovatief zijn.

299.

Klanten houden van verrassingen.

300.

Zeg als leider *wat* je volgers moeten doen, nooit *hoe* ze het moeten doen.

301.

Een idee voor het opdoen van bruikbare ideeën zou het ultieme resultaat van een ideeënbus moeten zijn.

302.

Het bestijgen van de carrièreladder is hetzelfde als het afdalen van de carrièreladder. Je verplaatst je op dezelfde ladder.

303.

Er vaak naast zitten leidt tot originaliteit.

304.

Geef slechte managers nooit een kans, want ze grijpen hem.

305.

Niet-geslaagde topmanagers willen alles houden zoals het is; geslaagde topmanagers willen alles houden zoals het had moeten worden.

306.

Het is gemakkelijk achter niet-geliefde topmanagers te gaan staan. Er is ruimte genoeg.

307.

Sommige ondernemingen worstelen met een tekort aan talentvolle managers. Andere ondernemingen missen ze alleen maar.

308.

Het maakt vaak uit of je een manager iets *hoort* ontkennen of iets *ziet* ontkennen.

309.

De weg naar de top is lang; houd jaar in jaar uit het hele jaar door rekening met gladheid.

310.

Doorgewinterde managers hebben ervaring genoeg, maar missen niet zelden de *nodige* ervaring.

311.

Opvolgers van topmanagers vinden vaak de kluts die hun voorgangers kwijt waren.

312.

Waar gehakt wordt, vallen managers.

313.

Als je management-jargon vertaalt, gaat het failliet.

314.

Afstand nemen vergroot het inzicht.

315.

Slechte managers zijn vaak te herkennen aan het feit dat ze onherkenbaar zijn.

316.

Een onderneming kan niet zonder veel managers, maar veel ondernemingen missen veel managers ook niet.

317.

Van veel managers die niet zichzelf blijven, blijft weinig over.

318.

Voorspoed is het resultaat van onaangepast gedrag.

319.

Slechte managers: managers die niet luisteren als er niet over hen gesproken wordt.

320.

Goede managers zeggen met weinig woorden veel; slechte managers zeggen met veel woorden weinig.

321.

Debâcle: sleutelgat voor succes.

322.

Topmanagers lopen altijd voorop, maar nooit uit de pas; topondernemers lopen altijd voorop, en altijd uit de pas.

323.

Managers veranderen bij slecht weer het zeil, ondernemers de windrichting.

324.

Ambitie = f ((wellust+afgunst)/(0,5*behoeften))

325.

Een verstandig manager kondigt nooit een verlaging van lonen aan, wel een aanpassing.

326.

Manager zijn gaat gepaard met rechten; ondernemer zijn met voorrechten.

327.

De ondernemer van vandaag is de manager van morgen, en de bureaucraat van overmorgen.

328.

Een 'goede' vriendin: bananeschil voor managers.

329.

Slippertjes: peuleschillen in de ogen van managers, waarover ze desalniettemin keer op keer uitglijden.

330.

Het grootste probleem van ondernemingen is de onder managers vaak geventileerde mening dat ze aan de lopende band problemen hebben.

331.

Veel managers weten het altijd het beste. *Wat* ze het beste weten, is niet altijd even duidelijk.

332.

Concurrentie is het resultaat van de vriendschap tussen een manager of ondernemer en zijn ambitie.

333.

Een manager verblind door ambitie ziet valkuilen over het hoofd.

334.

Memo: 0,00000000000000001 % van het Amazonegebied.

335.

Gewichtige managers zijn vaak zwaar op de hand.

336.

Van een nieuwe assistent-manager kun je altijd wat leren, al was het maar dat je beter een ander had kunnen aannemen.

337.

Te veel managers zijn zo goed als het laatste seminar of congres dat ze bezocht hebben.

338.

Wie de vloer niet begeert, is de top niet weerd.

339.

Een succesvol strategisch plan is meer door de markt dan door strategen en topmanagers geschreven.

340.

Een strategisch plan moet een wisselwerking zijn tussen de ambities van een onderneming en de wensen en behoeften van een markt.

341.

Een strategie moet geen uitroeptekens maar vraagtekens zetten.

342.

Structuur wordt beetje bij beetje ontdekt. Creativiteit valt met de deur in huis.

343.

Veel plannen van managers zijn vijgebladeren om onvermogen en een gebrek aan inzicht mee te bedekken.

344.

Strategisch plan: kookboek van een topmanager.

345.

Lezing: toneelstuk van een manager waarin hij vaak ten onrechte de hoofdrol speelt.

346.

De belangrijkste belegging van een topmanager is zijn secretaresse.

347.

Congres: bijeenkomst van onbelangrijke managers die belangrijke onderwerpen als onbelangrijk betitelen, om zo hun belangrijkheidsquotiënt op te krikken.

348.

Managers zijn topmanagers niet *door wat* ze denken voordat ze doen, maar *doordat* ze denken voordat ze doen.

349.

Goeroe: één grote vuilnisbak van gepikt gedachtengoed.

350.

Manager: iemand met gevoel voor politiek theater.

351.

Vergadering: samenzijn waarbij iedereen tegelijk praat en niemand naar iemand luistert.

352.

De markt maakt managers; managers maken een markt.

353.

Vergadering: speeltuin voor talentlozen.

354.

Energieke leiders worden nooit oud; ze blijven dertig jaar lang dertig jaar oud.

355.

Leiderschap is een activiteit, geen positie.

356.

Een manager moet altijd een verantwoordelijke positie krijgen omdat hij die verdient, en niet omdat hij de juiste persoon is op die plaats.

357.

Succes = f(technologie + fantasie)

358.

Het streven van topmanagers om de sigaar vaker te passeren gaat doorgaans in rook op, met als gevolg dat men op termijn de sigaar is.

359.

Zoek avontuur in plaats van aanpassing.

360.

Er zijn veel managers met ideeën; er zijn minder managers die ideeën durven uit te spreken; er zijn vrijwel geen managers die ideeën ook daadwerkelijk durven uit te voeren.

361.

Topmanagers accelereren vaak, en remmen soms, maar blijven nooit in de modder steken.

362.

Succesvolle managers verkopen geen goederen en diensten, maar normen en waarden.

363.

Veel rederijen zijn in financieel opzicht ware scheepsrampen.

364.

De 3 P's van ambitie: Plezier, Poen en Prestige.

365.

Het succes van een onderneming is niet te danken aan lage lonen, maar aan gewilde produkten.

366.

De meest succesvolle managers zijn het minst op succes uit.

367.

Een *top*manager is iemand die problemen oplost waarvan managers niet wisten dat ze actueel waren.

368.

Geslepen managers moeten oppassen dat ze zichzelf niet in de vingers snijden.

369.

Managers hebben ambities, maar meer nog hebben ambities managers.

370.

Iedere manager heeft gelijk, maar de hoogste manager heeft het meeste gelijk.

371.

Veel managers willen niet gelijk hebben, maar gelijk krijgen. Gelijk hebben ze!

372.

Ambitie is verlangen naar wat je niet hebt.

373.

Management is maar een woord.

374.

President-directeur: managementpositie gekenmerkt door veel verbeeldingskracht en weinig realiteitsbesef.

375.

De directiekamer is voor veel managers het voorportaal van het hogeschoolmanagement, voor te weinig managers de uitgang.

376.

Leaseauto: fopspeen voor managers.

377.

Ondernemende managers managen nooit.

378.

Collegialiteit wordt te vaak geboren uit angst voor wat overmorgen zal brengen.

379.

Een topmanager zonder gevoel is als een vrucht zonder smaak ... met pit wel te verstaan.

380.

Loopbaan: luchtballon die, hoewel hij doorgaans snel hoogte wint, langzaam leegloopt naarmate je verder vordert.

381.

Sommige managers weten alles, maar begrijpen niets.

382.

Het gaat er uiteindelijk niet om welke *business school* de beste is; het gaat erom welke het noodzakelijkste is voor managers.

383.

Een manager wordt topmanager als er een topmanager nodig is.

384.

Goede managers proberen niet zichzelf, maar hun bedrijf en produkten gewild te maken.

385.

Een onderneming is als een gebouw: leiders zijn de stenen, volgers het cement. Ze kunnen nooit zonder elkaar.

386.

Managers rijden niet in de auto's die ze mooi vinden; ze vinden de auto's mooi omdat ze erin rijden.

387.

Management is geen kwestie van geld, maar van stijl.

388.

Opbouwende kritiek: topmanager veegt de vloer aan met manager. Belediging: manager veegt de vloer aan met topmanager.

389.

Concurrentiestrategie: vaak zware bevalling, waarvan het nog maar de vraag is of het om een mooi kind gaat.

390.

Financiële managers zullen zich nooit laten wegcijferen.

391.

Topondernemers maken het onmogelijke mogelijk door het voor velen onmisbare misbaar en het onverdraagbare draaglijk te maken.

392.

Leiders regisseren, managers interveniëren.

393.

Creativiteit zonder uitvoering leidt tot steriliteit.

394.

Laat je ten minste eenmaal per jaar doorlichten.

395.

Geef fouten grif toe. De 'Hugh Grant'-strategie werkt, want die is ontwapenend.

396.

Vereenvoudig veronderstellingen.

397.

Concurrentie: besmettelijke ziekte met een collectieve inslag.

398.

Sommige lezingen van managers kunnen de vergelijking met een collectieve hoestbui maar net doorstaan.

399.

Niet het resultaat telt, maar de blijvende ontwikkeling.

400.

Excellentie moet een manier van leven zijn.

Verantwoording

Ieder boek is het resultaat van verschillende produktieve krachten die tijdelijk of blijvend met elkaar samenwerken. Iedere auteur is dan ook een schakel in een grotere keten inspiratiebronnen. Ook ik ben enkele bronnen van inspiratie dank verschuldigd.

Bij het schrijven van dit boek heb ik veel gehad aan het feit dat ik opereer in een omgeving - het organisatie-advieswezen - waarin het in intellectueel opzicht goed vissen is; het organisatie-advieswezen is een leerzaam venster op de markt van management-uitdagingen. Veel Nederlandse ondernemingen die voor significante veranderingen staan, zijn voor mij als schone slaapsters: het zijn mega-inspiratiebronnen.

De problemen van die ondernemingen zijn vaak zeer complex; de benodigde antwoorden zijn doorgaans opmerkelijk voor de hand liggend. Veel van die antwoorden kunnen in een woordspeling vervat worden. Dit boek geeft vierhonderd van die woordspelingen beknopt weer.

Mijn tweede inspiratiebron was Pieter Winsemius, voormalig minister en *director* bij McKinsey & Company, die me via een handgeschreven woordspeling op de eerste, blanco pagina van zijn laatste boek - *Beestachtige vertellingen* - aanspoorde om eens een heel nieuw soort boek te gaan schrijven. Zijn 'uitnodiging' deed mij mede besluiten om mijn hoofdweg - geplaveid met academische artikelen, leerboeken en management-journalistieke boeken - te verlaten en een interessante zijweg in te slaan.

Een derde inspiratiebron was en is mijn broer Arend Klaas, filosoof, die mij bij elk verbaal explosief samenzijn impliciet wijst op de kracht van de argumentatieleer.

De woordspelingen in dit boek zijn niet uit de lucht gegrepen. Ze hebben vrijwel allemaal een dubbele bodem, anders gezegd een dubbele moraal, met vaak ingrijpende implicaties. De kracht van de logica respectievelijk het constructief en verantwoord stoeien met de volgorde van letters staat niet voor niets centraal in dit boek.

Mijn laatste inspiratiebron was en is Yvette, mijn partner, wier welbevinden het - dankzij haar unieke persoonlijkheid - nooit hoefde af te leggen tegen het 'dadendrang-in-den-vreemde'-virus waarmee de auteur was behept. Yvette initieert en kanaliseert mijn creativiteit en impulsiviteit en leert mij dingen aan, en misschien nog wel meer dingen af. Het boek is dan ook volkomen terecht aan haar opgedragen.

Over de auteur

Pieter Klaas Jagersma (1966) is econoom, publicist, hoofdredacteur van het blad *Internationaal ondernemen* en werkzaam bij McKinsey & Co.

Hij schreef diverse boeken over management, onder meer *Strategie en structuur van Nederlandse multinationale ondernemingen*, *Multinationalisatie van Nederlandse dienstenondernemingen*, *De Fokker-DASA-deal. De verkwanseling van de nationale vliegtuigindustrie*, *Internationaal Management*, *Leasing and Marketing* (als co-auteur) en *Internationaal ondernemen* - alsmede meer dan 100 artikelen in (inter)nationale wetenschappelijke, vak- en businessbladen.

www.ingramcontent.com/pod-product-compliance
Lightning Source LLC
Chambersburg PA
CBHW070204230526
45471CB00002B/816